Género No ficción

I0799119

Pregunta esencial
¿Por qué tenemos días festivos?

El Día del Trabajo

Francine Thompson

CAPÍTULO 1

¿Qué es el Día del Trabajo?

Mira el calendario. Es el primer lunes de septiembre. ¿Sabes lo que significa? Es el Día del Trabajo.

Este es un día festivo. Eso significa que los adultos pueden tomarse el día libre por completo. Para los niños, este día marca el fin de las vacaciones de verano y el comienzo de un nuevo año escolar.

¿Alguna vez te preguntaste por qué se festeja el Día del Trabajo? Este texto te lo explicará detalladamente.

El primer Día del Trabajo se festejó en la Ciudad de Nueva York en 1882.

Muchos trabajadores se organizan en sindicatos. Los sindicatos se formaron para garantizar que se respeten los derechos de los trabajadores.

Los niños trabajaban muchas horas en las fábricas.

En el Día del Trabajo **honramos** a los trabajadores. Hace tiempo, los trabajadores recibían un trato **injusto**. Les pagaban muy poco dinero. Tampoco tenían vacaciones. Los **patrones** los hacían trabajar en lugares donde las condiciones de seguridad eran **mínimas**. Muchos niños, hasta menores de diez años, trabajaban en las fábricas y no podían ir a la escuela.

Detective del lenguaje ¿Por qué la palabra subrayada comienza con mayúscula?

Tiempo después, nuestra nación decidió crear leyes para proteger a los trabajadores. Algunas leyes garantizan la seguridad en el lugar de trabajo. Otras leyes ordenan que haya días de descanso. También existen leyes que establecen salarios justos para los trabajadores.

Además, gracias a estas leyes, está prohibido que los niños trabajen. Nuestras leyes dicen que los niños solamente deben estudiar y divertirse.

Hoy en día, los trabajadores están mucho más seguros.

Diariamente convives con muchos trabajadores en la escuela.

El Día del Trabajo es un día para dar las gracias a los trabajadores. Todos ellos merecen nuestro respeto y **agradecimiento**.

Detective del lenguaje	¿Qué palabra usarías para combinar las dos oraciones subrayadas de la página 4? Escribe la nueva oración.

CAPÍTULO 2

¡A celebrar!

Muchas ciudades celebran el Día del Trabajo con desfiles muy coloridos y divertidos. ¿Alguna vez viste uno? No olvides llevar una bandera y saludar a los músicos y artistas que pasan.

En los desfiles hay banderas, globos, payasos y músicos.

Escuchar música es relajante y divertido.

¡Música, maestro!

Algunas ciudades ofrecen conciertos al aire libre. Las familias se reúnen y pasan el día juntas. Algunos se sientan a escuchar la música. Otros prefieren levantarse y bailar.

¡Comida al aire libre!

Organizar un picnic es una buena idea para celebrar este día a la luz del sol. Toda la familia disfruta estos momentos. Algunos preparan exquisitos sándwiches. Otros prefieren cocinar en las parrillas del parque. ¿Tú qué prefieres?

No hay manera de aburrirse en un picnic.

Esta familia se reúne a platicar.

Después de almorzar, muchos descansan bajo la sombra de un árbol. ¡Es su día libre y tienen derecho a hacer lo que quieran!

Seguramente tú prefieres jugar. ¿Qué juego quieres proponer? ¿Una carrera? ¿Un partido de fútbol?

Busca tu traje de baño. Esta puede ser tu última oportunidad de disfrutar la playa este año. Puedes nadar en el mar, construir un castillo de arena o cavar un pozo profundo. Después vas a extrañar los días de calor.

El Día del Trabajo marca el fin del verano. Mañana deberás guardar los juguetes de playa y comenzar a organizar tu mochila.

¡Es hora de volver a la escuela!

Aún hace calor en septiembre.

Respuesta a la lectura

Volver a contar

Vuelve a contar el texto con tus propias palabras.

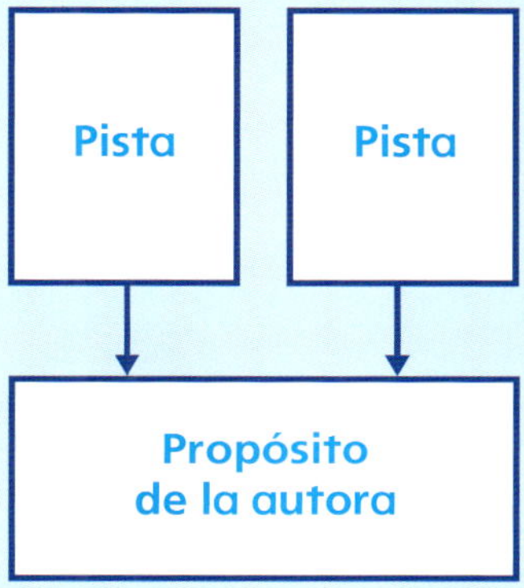

Evidencia en el texto

1. ¿Cuál crees que fue el propósito de la autora al incluir las fotografías de las páginas 6 y 7? **Propósito de la autora**

2. ¿Cuál crees que fue el propósito de la autora al escribir este libro? **Propósito de la autora**

3. ¿Cómo sabes que *El Día del Trabajo* es un texto de no ficción? **Género**

Género No ficción

Compara los textos
Lee acerca de otro día festivo.

Cuatro viajes

Colón aprendió a navegar en Portugal. Allí vivió casi diez años.

Cristóbal Colón era un explorador italiano. Realizó cuatro exitosos viajes a las Américas.

Cada año, recordamos su expedición el segundo lunes de octubre. Es un día festivo en muchos lugares.

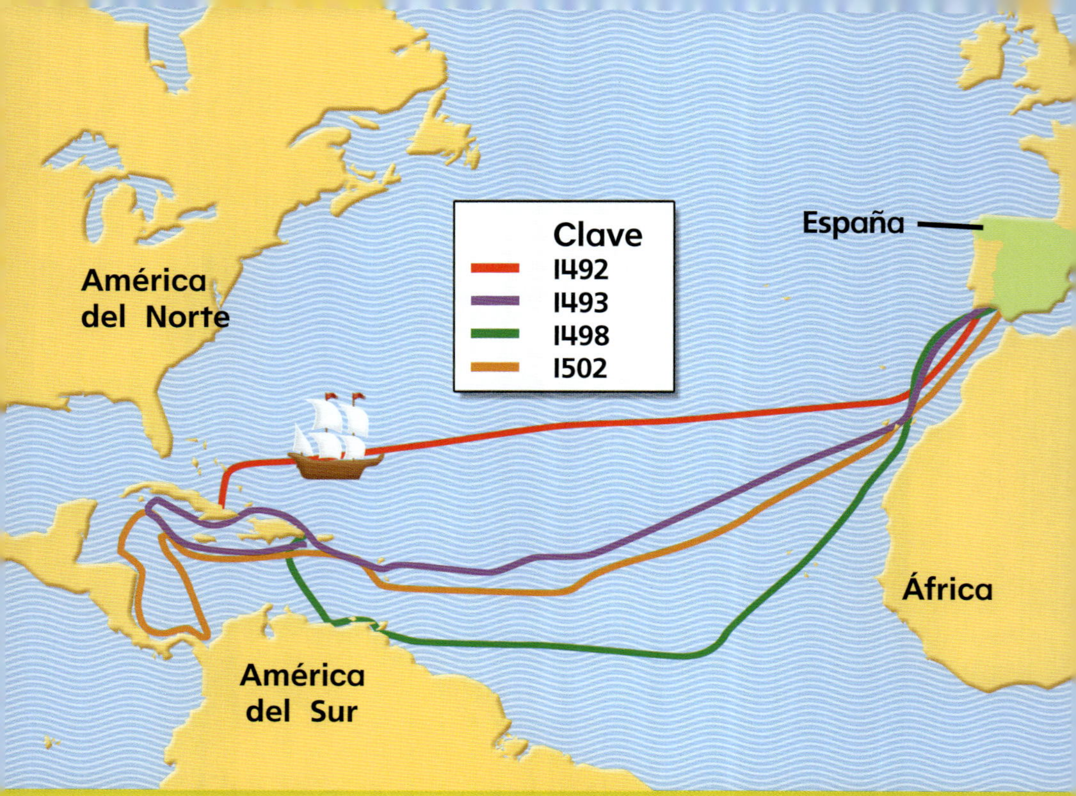

Cristóbal Colón, acompañado por su **tripulación**, atravesó el océano Atlántico cuatro veces. El mapa muestra las rutas y las fechas de cada expedición.

Haz conexiones

¿Qué otro día festivo conoces? ¿Cómo lo celebras? **El texto y tú**

Glosario

agradecimiento muestra de gratitud *(página 5)*

honrar admirar y respetar *(página 3)*

injusto algo que no es justo *(página 3)*

mínimo lo más pequeño posible *(página 3)*

patrón persona que emplea a otros *(página 3)*

tripulación conjunto de personas que trabaja en un barco o un avión *(página 14)*

Índice

Enfoque:
Estudios Sociales

Propósito Aprender sobre los trabajadores que nos ayudan

Paso a paso

Paso 1 Piensa en trabajadores que conoces. Piensa por qué su trabajo es importante para ti.

Paso 2 Haz una tabla como esta y complétala.

Trabajadores	Cómo me ayudan

Paso 3 Haz un libro sobre una de las personas de tu tabla. Escribe y explica cómo te ayuda. Dibuja una portada para tu libro. Muestra tu libro a la clase.